MELATIH PEMIMPIN RADIKAL

Manual Peserta

Melatih Pemimpin Radikal
Manual Peserta

Oleh Daniel B. Lancaster, PhD

Diterbitkan oleh: T4T Press

Cetakan Pertama: 2013

ISBN 978-1-938920-59-2 cetakan

Daftar Isi

Pelatihan

Sumber Daya

1

Selamat Datang

Pelatih dan pemimpin saling memperkenalkan diri dalam pelajaran pertama. Pemimpin lalu belajar perbedaan antara metoda pelatihan Yunani dan Ibrani. Yesus memakai kedua metoda itu dan begitu pula kita. Metoda Ibrani paling berguna dalam melatih pemimpin, dan sering dipakai dalam *Melatih Pemimpin Radikal.*

Pelajaran ini bertujuan agar pemimpin memahami Strategi Yesus menjangkau dunia. Lima bagian Strategi Yesus meliputi: Kuat Dalam Tuhan, Berbagi Kabar Gembira, Bentuk Murid, Rintis Grup yang Menjadi Jemaat/Gereja, dan Latih Pemimpin. Para pemimpin mengkaji pelajaran *Pelatihan Mengikuti Yesus, Bagian 1: Membentuk Murid-Murid Radikal* yang melengkapi umat beriman agar berhasil dalam tiap bagian Strategi Yesus. Pemimpin juga mempraktikkan perumusan visi tentang mengikuti Strategi Yesus kepada orang lain. Sesi ini berakhir dengan tugas untuk mengikuti Yesus dan mematuhi perintah-Nya setiap hari.

SYUKUR PUJIAN

AWAL

Perkenalan Pelatih

Perkenalan Pemimpin

Bagaimana Yesus Melatih Para Pemimpin?

RENCANA

Siapa yang Mendirikan Gereja?

–MATIUS 16:18–
DAN AKU PUN BERKATA KEPADAMU: ENGKAU ADALAH
PETRUS (ARTINYA 'BATU KARANG'), DAN DI ATAS BATU
KARANG INI AKU AKAN MENDIRIKAN JEMAAT-KU DAN
ALAM MAUT TIDAK AKAN MENGUASAINYA. (LAI-TB)

Mengapa Penting Siapa Yang Mendirikan Gereja?

–MAZMUR 127:1–
JIKALAU BUKAN TUHAN YANG MEMBANGUN RUMAH,
SIA-SIALAH USAHA ORANG YANG MEMBANGUNNYA;

JIKALAU BUKAN TUHAN YANG MENGAWAL KOTA, SIA-
SIALAH PENGA-WAL BERJAGA-JAGA. (LAI-TB)

Bagaimana Yesus Mendirikan Gereja-Nya?

1. _____

–LUKAS 2:52–
YESUS MAKIN BERTAMBAH BESAR DAN BERTAMBAH
BIJAKSANA, SERTA DIKASIHI OLEH ALLAH DAN DI-SUKAI
OLEH MANUSIA. (BIS)

–LUKAS 4:14–
(SETELAH PENCOBAAN-NYA) DALAM KUASA ROH
KEMBALILAH YESUS KE GALILEA. LALU TERSEBARLAH
KABAR TENTANG DIA DI SELURUH DAERAH ITU. (LAI-TB)

🖐 Angkat kedua lengan dan berpose seperti orang
kuat.

2. _____

–MRK 1:14,15–
KEMUDIAN, SETELAH YOHANES DITANGKAP OLEH RAJA
HERODES, YESUS PERGI KE GALILEA MENGABARKAN
BERITA KESUKAAN DARI ALLAH. "SEKARANG SAATNYA
TELAH TIBA," KATA-NYA. "KERAJAAN ALLAH SUDAH
DEKAT! TINGGALKAN DOSA KALIAN DAN PERCAYALAH
AKAN BERITA KESUKAAN INI!" (LAI-TB)

✋ Buat gerakan menebar benih dengan tangan
kanan.

3. _____

–MATIUS 4:19–
"MARI, IKUTI AKU," KATA YESUS, "DAN AKU AKAN
MENJADIKAN KALIAN PENJALA MANUSIA."

✋ Tangan di dada lalu angkat seperti menyembah.
Ta-ngan di pinggang, lalu angkat dalam pose doa
klasik. Unjuk kedua tangan ke kepala, tundukkan
kepala seakan sedang membaca buku. Angkat
tangan seperti pose orang kuat, lalu buat
gerakan menabur benih.

4. _____

–MATIUS 16:18–
DAN AKU PUN BERKATA KEPADAMU: ENGKAU ADALAH
PETRUS, DAN DI ATAS BATU KARANG INI AKU AKAN
MENDIRIKAN JEMAAT-KU DAN ALAM MAUT TIDAK AKAN
MENGUASAINYA.

✋ Tangan membentuk gerakan "menghimpun",
seperti sedang meminta orang mengitari Anda.

5. _____

-MATIUS 10:5-8-
KEDUA BELAS MURID ITU DIUTUS OLEH YESUS DAN IA
BERPESAN KEPADA MEREKA: "JANGAN PERGI KE DAERAH
ORANG-ORANG BUKAN YAHUDI, ATAU KE KOTA-KOTA
ORANG SAMARIA. PERGILAH KEPADA ORANG-ORANG
ISRAEL. PERGILAH DAN BERITAKANLAH: "KERAJAAN
ALLAH SUDAH DEKAT! SEMBUHKANLAH ORANG
SAKIT; BANGKITKANLAH ORANG MATI; TAHIRKANLAH
ORANG KUSTA; USIRLAH SETAN-SETAN. KAMU TELAH
MEMPEROLEHNYA DENGAN CUMA-CUMA, BERIKANLAH
PULA DENGAN CUMA-CUMA. (LAI-TB)

✋ Berdiri sigap dan beri hormat seperti prajurit.

Ayat Hafalan

-I KORINTUS 11:1-
IKUTILAH TELADANKU, SAMA SEPERTI AKU JUGA
MENGIKUTI TELADAN KRISTUS. (LAI-TB)

PRAKTIK

PENUTUP

YESUS BERKATA "IKUTILAH AKU"

–MATIUS 9:9–

SETELAH YESUS PERGI DARI SITU, IA MELIHAT SEORANG YANG BERNAMA MATIUS DUDUK DI RUMAH CUKAI, LALU IA BERKATA KEPADANYA: "IKUTLAH AKU." MAKA BERDIRILAH MATIUS LALU MENGIKUT DIA.

2

Latih Seperti Yesus

Masalah umum dalam gereja atau grup yang sedang bertumbuh adalah kebutuhan akan lebih banyak pemimpin. Upaya melatih pemimpin sering lekas gagal sebab kita tidak memiliki proses sederhana untuk diikuti. Pelajaran ini bertujuan menjelaskan cara Yesus melatih pemimpin, supaya kita dapat meniru-Nya.

Yesus melatih pemimpin dengan menanyakan hasil kemajuan dalam perutusan dan membahas masalah yang mereka hadapi. Dia pun mendoakan dan membantu mereka menyusun rencana untuk misi selanjutnya. Bagian penting dari pelatihan ini adalah mempraktikkan kecakapan yang akan mereka butuhkan dalam pelayanan di masa depan. Dalam Pelajaran 2, para pemimpin menerapkan proses pelatihan kepemimpinan ini pada grupnya, juga Strategi Yesus menjangkau dunia. Terakhir, mereka mengembangkan "pohon pelatihan" yang membantu menghubungkan pelatihan dengan doa bagi pemimpin yang sedang mereka latih.

SYUKUR PUJIAN

KEMAJUAN

MASALAH

RENCANA

Tinjauan

Selamat Datang
Siapa yang Mendirikan Gereja?
Mengapa Itu Penting?
Bagaimana Yesus Mendirikan Gereja-Nya?

–I Korintus 11:1–Ikutilah teladanku, sama seperti aku juga mengikuti teladan Kristus. (LAI-TB)

Bagaimana Yesus Melatih Para Pemimpin?

–LUKAS 10:17–
KEMUDIAN KETUJUH PULUH MURID ITU KEMBALI DENGAN GEMBIRA DAN BERKATA: "TUHAN, JUGA SETAN-SETAN TAKLUK KEPADA KAMI DEMI NAMA-MU!" (LAI-TB)

1. _____

🖐 Gerakkan tangan saling menggulung ke arah atas.

–MATIUS 17:19–
KEMUDIAN MURID-MURID YESUS DATANG DAN KETIKA MEREKA SENDIRIAN DENGAN DIA, BERTANYALAH MEREKA: "MENGAPA KAMI TIDAK DAPAT MENGUSIR SETAN ITU?" (LAI-TB)

2. _____

🖐 Letakkan tangan pada kedua sisi kepala dan berpura-pura menarik rambut.

–LUKAS 10:1–
SETELAH ITU TUHAN MENUNJUK TUJUH PULUH MURID YANG LAIN, LALU MENGUTUS MEREKA BERDUA-DUA MENDAHULUI-NYA KE SETIAP KOTA DAN TEMPAT YANG HENDAK DIKUNJUNGI-NYA.

3. _____

🖐 Bentangkan tangan kiri Anda seperti kertas lalu "tulis" di atasnya dengan tangan kanan.

–YOHANES 4:1-2–
YESUS MENGETAHUI BAHWA ORANG-ORANG FARISI TELAH MENDENGAR BAHWA IA MEMPEROLEH DAN MEMBAPTIS LEBIH BANYAK MURID DARIPADA YOHANES (MESKIPUN YESUS SENDIRI TIDAK MEMBAPTIS, MELAINKAN MURID-MURID-NYA) (LAI-TB)

4. _____

✋ Gerakkan tangan naik-turun seolah mengangkat beban.

–LUKAS 22:31-32–
YESUS BERKATA, "SIMON, DENGARKAN! ALLAH SUDAH MENGIZINKAN IBLIS UNTUK MENGUJI KALIAN SEMUA. DENGAN DEMIKIAN, ORANG YANG SETIA BISA DIPISAHKAN DARI YANG TIDAK SETIA; SEPERTI ORANG MEMISAHKAN GANDUM DARI KULITNYA. TETAPI SIMON, AKU TELAH BERDOA UNTUK ENGKAU, SUPAYA IMANMU JANGAN GUGUR. DAN JIKALAU ENGKAU SUDAH INSAF, KUATKANLAH SAUDARA-SAUDARAMU." (BIS)

5. _____

✋ Buat pose "tangan berdoa" klasik dekat wajah Anda.

Ayat Hafalan

–LUKAS 6:40–
SEORANG MURID TIDAK LEBIH DARIPADA GURUNYA,
TETAPI SIAPA SAJA YANG TELAH TAMAT PELAJARANNYA
AKAN SAMA DENGAN GURUNYA.(LAI-TB)

PRAKTIK

PENUTUP

Pohon Pelatihan

3

Pimpin Seperti Yesus

Yesus Kristus pemimpin teragung sepanjang masa. Tiada manusia yang lebih sering memengaruhi lebih banyak orang daripada Yesus. Pelajaran 3 memperkenalkan tujuh kualitas pemimpin hebat, berdasarkan gaya kepemimpinan Yesus. Lalu para pemimpin merenungkan kekuatan dan kelemahan pengalaman kepemimpinan mereka sendiri. Sebuah lakon membangun-tim mengakhiri sesi ini yang mengajarkan kekuatan "kepemimpinan berbagi."

Jatuh bangunnya segala sesuatu bergantung pada hati pemimpin, maka kita perhatikan bagaimana Yesus memimpin murid-murid-Nya, sehingga kita bisa meniru-Nya. Yesus mengasihi mereka hingga akhir, memahami misi-Nya, mengetahui masalah dalam grup, memberikan pengikut-Nya teladan untuk diikuti, berbuat baik, dan mengetahui bahwa Allah memberkati ketaatan-Nya. Segala sesuatu mengalir dari hati kita. Karena itu, sikap hati kita akan menjadi tempat kita memulai sebagai pemimpin.

Syukur Pujian

Kemajuan

Masalah

Rencana

Tinjauan

Selamat Datang
Siapa yang Mendirikan Gereja?
Mengapa Itu Penting?
Bagaimana Yesus Mendirikan Gereja-Nya?

–I Korintus 11:1–Ikutilah teladanku, sama seperti aku juga mengikuti teladan Kristus. (LAI-TB)

Latih Seperti Yesus
Bagaimana Yesus Melatih Para Pemimpin?

–Lukas 6:40–Seorang murid tidak lebih daripada gurunya, tetapi siapa saja yang telah tamat pelajarannya akan sama dengan gurunya.(LAI-TB)

Menurut Yesus, Siapa Pemimpin Terbesar?

–MATIUS 20:25-28–
TETAPI YESUS MEMANGGIL MEREKA LALU BERKATA, "KAMU
TAHU BAHWA PEMERINTAH-PEMERINTAH BANGSA-

BANGSA BERTINDAK SEBAGAI TUAN ATAS RAKYATNYA, DAN PARA PEMBESARNYA BERTINDAK SEWENANG-WENANG ATAS MEREKA. TIDAKLAH DEMIKIAN DI ANTARA KAMU. SIAPA SAJA YANG INGIN MENJADI BESAR DI ANTARA KAMU, HENDAKLAH IA MENJADI PELAYANMU, DAN SIAPA SAJA YANG INGIN MENJADI YANG PERTAMA DI ANTARA KAMU, HENDAKLAH IA MENJADI HAMBAMU; --MRK 10:45-- KARENA ANAK MANUSIA JUGA DATANG BUKAN UNTUK DILAYANI, MELAINKAN UNTUK MELAYANI DAN UNTUK MEMBERIKAN NYAWA-NYA MENJADI TEBUSAN BAGI BANYAK ORANG. (LAI-TB)

Hormat seperti prajurit, lalu satukan tangan dan tunduk seperti pelayan.

Apa Tujuh Kualitas dari seorang Pemimpin hebat?

–YOHANES 13:1-17–

[1]SEHARI SEBELUM HARI RAYA PASKAH, YESUS TAHU BAHWA SUDAH WAKTUNYA IA MENINGGALKAN DUNIA INI UNTUK KEMBALI KEPADA BAPA-NYA. IA MENGASIHI ORANG-ORANG YANG MENJADI MILIK-NYA DI DUNIA, DAN IA TETAP MENGASIHI MEREKA SAMPAI PENGHABISAN. [2]YESUS DAN PENGIKUT-PENGIKUT-NYA SEDANG MAKAN MALAM. IBLIS SUDAH MEMASUKKAN NIAT DI DALAM HATI YUDAS ANAK SIMON ISKARIOT UNTUK MENGKHIANATI YESUS.

[3]YESUS TAHU BAHWA BAPA SUDAH MENYERAHKAN SELURUH KEKUASAAN KEPADA-NYA. IA TAHU JUGA BAHWA IA DATANG DARI ALLAH DAN AKAN KEMBALI PADA ALLAH.

⁴SEBAB ITU IA BERDIRI, MEMBUKA JUBAH-NYA, DAN MENGIKAT ANDUK PADA PINGGANG-NYA.

⁵SESUDAH ITU IA MENUANG AIR KE DALAM SEBUAH BASKOM, LALU MULAI MEMBASUH KAKI PENGIKUT-PENGIKUT-NYA DAN MENGERINGKANNYA DENGAN ANDUK YANG TERIKAT DI PINGGANG-NYA.

⁶SAMPAILAH IA KEPADA SIMON PETRUS, YANG BERKATA, "TUHAN, MASAKAN TUHAN YANG MEMBASUH KAKI SAYA?"

⁷YESUS MENJAWAB, "SEKARANG ENGKAU TIDAK MENGERTI APA YANG KULAKUKAN INI, TETAPI NANTI ENGKAU AKAN MENGERTI."

⁸"JANGAN, TUHAN," KATA PETRUS KEPADA YESUS, "JANGAN SEKALI-KALI TUHAN MEMBASUH KAKI SAYA!" TETAPI YESUS MENJAWAB, "KALAU AKU TIDAK MEMBASUHMU, ENGKAU TIDAK ADA HUBUNGAN DENGAN AKU."

⁹"SIMON PETRUS BERKATA, "KALAU BEGITU, TUHAN, JANGAN HANYA KAKI SAYA TETAPI TANGAN DAN KEPALA SAYA JUGA!"

¹⁰"ORANG YANG SUDAH MANDI, SUDAH BERSIH SELURUHNYA," KATA YESUS KEPADA PETRUS. "IA TIDAK PERLU DIBERSIHKAN LAGI; KECUALI KAKINYA. KALIAN INI SUDAH BERSIH, TETAPI TIDAK SEMUANYA."

¹¹YESUS SUDAH TAHU SIAPA YANG AKAN MENGKHIANATI-NYA. ITU SEBABNYA IA BERKATA, "KALIAN INI SUDAH BERSIH, TETAPI TIDAK SEMUANYA.

¹²SESUDAH YESUS MEMBASUH KAKI MEREKA, IA MEMAKAI KEMBALI JUBAH-NYA DAN DUDUK LAGI. LALU IA BERKATA KEPADA MEREKA, "MENGERTIKAH KALIAN APA YANG BARU SAJA KULAKUKAN KEPADAMU?

¹³KALIAN MEMANGGIL AKU GURU DAN TUHAN. DAN MEMANG DEMIKIAN.

¹⁴KALAU AKU SEBAGAI TUHAN DAN GURUMU MEMBASUH KAKIMU, KALIAN WAJIB JUGA SALING MEMBASUH KAKI.

[15]AKU MEMBERI TELADAN INI KEPADA KALIAN, SUPAYA KALIAN JUGA MELAKUKAN APA YANG SUDAH KULAKUKAN KEPADAMU.
[16]SUNGGUH BENAR KATA-KU INI: SEORANG HAMBA TIDAK LEBIH BESAR DARI TUANNYA, DAN SEORANG UTUSAN TIDAK LEBIH BESAR DARI YANG MENGUTUSNYA.[17]KALAU KALIAN SUDAH TAHU SEMUANYA INI, BAHAGIALAH KALIAN JIKA MELAKUKANNYA.

1. _____

   ✋ Tepuk dada dengan tangan.

2. _____

   ✋ Hormat seperti prajurit, lalu anggukkan kepala, "ya."

3. _____

   ✋ Tunduk dengan kedua tangan dalam posisi doa klasik.

4. _____

🖐 Bentuk hati dengan jari-jari telunjuk dan ibu jari.

5. _____

🖐 Pegang kepala seperti sedang sakit kepala.

6. _____

🖐 Tunjuk ke langit dan anggukkan kepala "ya."

7. _____

🖐 Angkat kedua tangan ke langit tanda memuji.

Ayat Hafalan

–YOHANES 13:14-15–

KALAU AKU SEBAGAI TUHAN DAN GURUMU MEMBASUH KAKIMU, KALIAN WAJIB JUGA SALING MEMBASUH KAKI. AKU MEMBERI TELADAN INI KEPADA KALIAN, SUPAYA KALIAN JUGA MELAKUKAN APA YANG SUDAH KULAKUKAN KEPADAMU.

PRAKTIK

"Kini, kita akan gunakan proses pelatihan yang juga digunakan Yesus untuk mempraktikkan apa yang kita pelajari dalam pelajaran kepemimpinan ini."

PENUTUP

Chinlone (Sepak Takraw Myanmar)

4

Kuat Bertumbuh

Para pemimpin yang Anda latih akan memimpin grup dan belajar betapa mereka perlu berkorban untuk memimpin orang lain. Pemimpin menghadapi pergolakan spiritual secara signifikan dari luar kelompoknya dan perbedaan kepribadian di dalam kelompoknya. Kunci kepemimpinan efektif adalah mengenali berbagai tipe kepribadian dan belajar bagaimana bekerja sama secara efektif sebagai tim. Pelajaran "Kuat Bertumbuh" memberi para pemimpin cara sederhana untuk membantu orang menemukan tipe kepribadian mereka. Kalau kita memahami bagaimana Allah menjadikan kita, kita memiliki petunjuk kuat tentang bagaimana kita bisa bertumbuh kian kuat di dalam Dia.

Ada delapan tipe kepribadian: prajurit, pencari, gembala, penabur, putra/putri, orang kudus, pelayan, dan bendahara. Setelah membantu para pemimpin menemukan tipe mereka, pelatih membahas kekuatan dan kelemahan tiap tipe. Banyak orang menganggap Allah mengasihi tipe kepribadian yang paling dihargai kebudayaannya. Pemimpin lain yakin bahwa kemampuan kepemimpinan bergantung pada kepribadian. Keyakinan yang membatasi ini praktis tidak tepat. Sesi ini usai dengan menekankan bahwa pemimpin harus memperlakukan orang sebagai individu. Pelatihan kepemimpinan harus mengatasi kebutuhan per individu dan bukan satu ukuran yang pas untuk semua.

Syukur Pujian

Kemajuan

Masalah

Rencana

Tinjauan

Selamat Datang
Siapa yang Mendirikan Gereja?
Mengapa Itu Penting?
Bagaimana Yesus Mendirikan Gereja-Nya?

> *–I Korintus 11:1–Ikutilah teladanku, sama seperti aku juga mengikuti teladan Kristus. (LAI-TB)*

Latih Seperti Yesus
Bagaimana Yesus Melatih Para Pemimpin?

> *–Lukas 6:40–Seorang murid tidak lebih daripada gurunya, tetapi siapa saja yang telah tamat pelajarannya akan sama dengan gurunya.(LAI-TB)*

Pimpin Seperti Yesus

Menurut Yesus, Siapa Pemimpin Terbesar? ✋

Apa Tujuh Kualitas dari seorang Pemimpin hebat?

–Yohanes 13:14-15–Kalau Aku sebagai Tuhan dan Gurumu membasuh kakimu, kalian wajib juga saling membasuh kaki. Aku memberi teladan ini kepada kalian, supaya kalian juga melakukan apa yang sudah Kulakukan kepadamu.

Allah Memberi Anda Kepribadian Yang Mana?

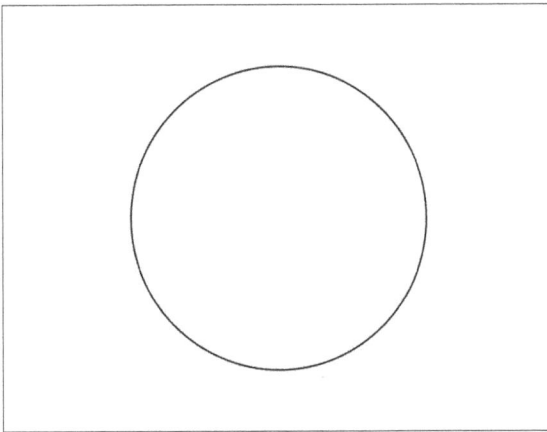

Tipe Kepribadian Mana yang Paling Disukai Allah?

Tipe Kepribadian Mana yang menghasilkan Pemimpin Terbaik?

Ayat Hafalan

–ROMA 12:4-5–

TUBUH KITA MEMPUNYAI BANYAK ANGGOTA. SETIAP ANGGOTA ADA TUGASNYA SENDIRI-SENDIRI. BEGITU JUGA DENGAN KITA. MESKIPUN KITA SEMUANYA BANYAK, NAMUN KITA MERUPAKAN SATU TUBUH KARENA KITA BERSATU PADA KRISTUS. DAN KITA MASING-MASING BERHUBUNGAN SATU DENGAN YANG LAIN SEBAGAI ANGGOTA-ANGGOTA DARI SATU TUBUH.

PRAKTIK

PENUTUP

Cheeseburger Amerika ⤸

5

Lebih Kuat
Bersama

Para pemimpin sudah tahu tipe kepribadian mereka dalam pelajaran terakhir. "Lebih Kuat Bersama" menunjukkan bagaimana tipe kepribadian mereka berinteraksi dengan orang lain. Mengapa orang memiliki delapan jenis kepribadian yang berbeda di dunia ini? Ada yang bilang bahtera Nuh memuat delapan orang sementara yang lain mengatakan Allah menciptakan tipe kepribadian sesuai tiap titik mata angin - utara, timur laut, timur, dst. Kita bisa menjelaskan alasannya dengan mudah. Dunia ini memiliki delapan jenis kepribadian berbeda karena Allah menciptakan manusia menurut citra-Nya. Jika ingin melihat seperti apa rupa Allah, Alkitab katakan, lihatlah Yesus. Delapan tipe kepribadian dasar di dunia ini mencerminkan delapan citra Yesus.

Yesus seperti prajurit − panglima besar balatentara Allah. Ia seperti pencari - menemukan dan menyelamatkan orang yang hilang. Ia seperti gembala - memberikan pengikutnya makan, minum, dan istirahat. Yesus seperti penabur - menabur Sabda Allah dalam kehidupan kita. Ia adalah putera - Allah menyebut-Nya anak kesayangan dan memerintahkan kita untuk mendengarkan Dia. Yesus adalah penebus dan memanggil kita untuk mewakili-Nya di dunia sebagai orang-orang kudus. Dia adalah pelayan – taat pada Bapa-Nya, bahkan sampai mati. Terakhir, Yesus adalah bendahara - banyak perumpamaan berupa pengelolaan waktu, uang, atau orang.

Setiap pemimpin mengemban tanggung jawab membantu orang bekerja sama. Konflik terjadi secara tak terhindarkan di antara berbagai kepribadian karena mereka menilik dunia secara berbeda. Dua cara paling umum ketika orang berurusan dengan konflik adalah menghindar atau melawan. Cara ketiga menangani konflik, oleh tuntunan Roh Kudus, adalah mencari solusi yang menghargai dan mengakui masing-masing tipe kepribadian. Sesi ini berakhir dengan lomba drama yang menunjukkan kebenaran ini secara jenaka. Bagan "delapan citra Kristus" membantu kita memahami bagaimana mengasihi orang lain dengan lebih baik. Inilah tugas segenap pengikut Yesus.

SYUKUR PUJIAN

KEMAJUAN

MASALAH

RENCANA

Tinjauan

Selamat Datang
Siapa yang Mendirikan Gereja?
Mengapa Itu Penting?
Bagaimana Yesus Mendirikan Gereja-Nya?

–I Korintus 11:1–Ikutilah teladanku, sama seperti aku juga mengikuti teladan Kristus. (LAI-TB)

Latih Seperti Yesus
Bagaimana Yesus Melatih Para Pemimpin?

–Lukas 6:40–Seorang murid tidak lebih daripada gurunya, tetapi siapa saja yang telah tamat pelajarannya akan sama dengan gurunya.(LAI-TB)

Pimpin Seperti Yesus
Menurut Yesus, Siapa Pemimpin Terbesar?
Apa Tujuh Kualitas dari seorang Pemimpin hebat?

–Yohanes 13:14-15–Kalau Aku sebagai Tuhan dan Gurumu membasuh kakimu, kalian wajib juga saling membasuh kaki. Aku memberi teladan ini kepada kalian, supaya kalian juga melakukan apa yang sudah Kulakukan kepadamu.

Kuat Bertumbuh
Allah Memberi Anda Kepribadian Yang Mana?
Tipe Kepribadian Mana yang Paling Disukai Allah?
Tipe Kepribadian Mana yang menciptakan Pemimpin Terbaik?

–Roma 12:4-5–Tubuh kita mempunyai banyak anggota. Setiap anggota ada tugasnya sendiri-

sendiri. Begitu juga dengan kita. Meskipun kita semuanya banyak, namun kita merupakan satu tubuh karena kita bersatu pada Kristus. Dan kita masing-masing berhubungan satu dengan yang lain sebagai anggota-anggota dari satu tubuh.

Mengapa Ada Delapan Jenis Manusia Di Dunia?

–KEJADIAN 1:26–
BERFIRMANLAH ALLAH: "BAIKLAH KITA MENJADIKAN MANUSIA MENURUT GAMBAR DAN RUPA KITA. . . ."

–KOLOSE 1:15–
IA (YESUS) ADALAH GAMBAR ALLAH YANG TIDAK KELIHATAN, YANG SULUNG, LEBIH UTAMA DARI SEGALA YANG DICIPTAKAN.

Yesus itu Seperti Apa?

1. _____

–MATIUS 26:53–
ATAU KAUSANGKA BAHWA AKU TIDAK DAPAT BERSERU KEPADA BAPA-KU, SUPAYA IA SEGERA MENGIRIM LEBIH DARI DUA BELAS PASUKAN MALAIKAT MEMBANTU AKU? (LAI-TB)

✋ Acungkan pedang.

2. _____

–Luk 19:10–   ·
Sebab Anak Manusia datang untuk mencari dan menyelamatkan yang hilang." (LAI-TB)

✋ Tengok kiri-kanan dengan tangan di atas mata.

3. _____

–Yohanes 10:11–
Akulah gembala yang baik. Gembala yang baik menyerahkan nyawanya bagi domba-dombanya.

✋ Gerakkan tangan ke arah dada seolah sedang me-ngumpulkan orang.

4. _____

–Matius 13:37–
Ia menjawab, "Orang yang menaburkan benih baik ialah Anak Manusia,(LAI-TB)

✋ Tebarkan benih dengan tangan.

5. _____

–LUKAS 9:35–
MAKA TERDENGARLAH SUARA DARI DALAM AWAN ITU, YANG BERKATA: "INILAH ANAK-KU YANG KUPILIH, DENGARKANLAH DIA."

✋ Gerakkan tangan ke mulut seolah sedang makan.

6. _____

–MARK 8:31–
KEMUDIAN MULAILAH YESUS MENGAJARKAN KEPADA MEREKA BAHWA ANAK MANUSIA HARUS MENANGGUNG BANYAK PENDERITAAN DAN DITOLAK OLEH TUA-TUA, IMAM-IMAM KEPALA DAN AHLI-AHLI TAURAT, LALU DIBUNUH DAN BANGKIT SESUDAH TIGA HARI.

✋ Tangkup tangan dalam pose "tangan berdoa" klasik.

7. _____

–YOHANES 13:14-15–
KALAU AKU SEBAGAI TUHAN DAN GURUMU MEMBASUH KAKIMU, KALIAN WAJIB JUGA SALING MEMBASUH KAKI. AKU MEMBERI TELADAN INI KEPADA KALIAN, SUPAYA KALIAN JUGA MELAKUKAN APA YANG SUDAH KULAKUKAN KEPADAMU.

✋ Seolah pegang palu.

8. _____

–LUKAS 6:38–
"BERILAH DAN KAMU AKAN DIBERI. SUATU TAKARAN YANG BAIK, YANG DIPADATKAN, YANG DIGUNCANG DAN YANG TUMPAH KE LUAR AKAN DICURAHKAN KE DALAM PANGKUANMU. SEBAB UKURAN YANG KAMU PAKAI UNTUK MENGUKUR, AKAN DIUKURKAN KEPADAMU."

✋ Seolah ambil uang dari saku baju atau dompet.

Apa Tiga Pilihan Yang Kita Miliki Bila Terjadi Konflik?

1. _____

✋ Kepalkan tangan. Gerakkan menjauh satu sama lain dan dari belakang Anda.

2. _____

✋ Kepalkan kedua tangan dan tumbukkan.

3. _____

✋ Kepalkan tangan bersama, lepaskan kepalan lalu jalin jari-jemari tangan, gerakkan naik turun, seolah sedang bekerja sama.

Ayat Hafalan

–GALATIA 2:20–
SAYA SUDAH DISALIBKAN BERSAMA DENGAN KRISTUS: DAN YANG HIDUP BUKAN LAGI SAYA, MELAINKAN KRISTUS YANG HIDUP DI DALAM SAYA. (FAYH)

PRAKTIK

Lomba Drama ᪥

SEBUAH PERTANYAAN UMUM

Apa perbedaan antara delapan citra Kristus dan karunia rohani?

6

Berbagi Kabar Gembira

Bagaimana orang bisa percaya jika mereka tak pernah mendengar kabar gembira (injil)? Sayangnya, pengikut Yesus tidak selalu berbagi injil agar orang bisa percaya. Satu alasan yaitu mereka tidak pernah belajar cara memberitakan Injil. Alasan lain yakni mereka sibuk dengan rutinitas harian dan lupa berbagi. Dalam pelajaran "Berbagi Kabar Gembira," para pemimpin akan belajar cara membuat 'gelang injil' untuk dibagikan kepada teman dan keluarganya. Gelang ini mengingatkan kita supaya berbagi dengan orang lain dan merupakan pembuka percakapan yang bagus. Warna-warni pada gelang mengingatkan kita bagaimana berbagi injil dengan orang yang sedang mencari Tuhan.

Gelang injil menunjukkan bagaimana kita telah meninggalkan keluarga Allah. Pada mulanya adalah Allah - manik-manik emas. Roh Kudus menciptakan dunia yang sempurna dengan langit dan lautan - manik-manik biru. Dia menciptakan manusia dan menempatkannya di taman firdaus - manik-manik hijau. Manusia ciptaan pertama tidak mematuhi Allah dan membawa dosa dan penderitaan ke dalam dunia - manik-manik hitam. Allah mengutus Putera tunggal-Nya ke dunia dan Ia menjalani hidup sempurna - manik-manik putih. Yesus menebus dosa kita dengan wafat di salib - manik-manik merah.

Gelang injil menunjukkan kepada kita bagaimana kita dapat kembali ke dalam keluarga Allah dengan membalikkan urutannya. Allah telah berfirman, barang siapa percaya bahwa Yesus telah wafat di salib baginya - manik-manik merah - dan bahwa Yesus adalah Anak Allah - manik-manik putih - dosanya diampuni - manik-manik hitam. Allah mengangkat kita kembali ke dalam keluarga-Nya dan kita menjadi kian serupa dengan Yesus - manik-manik hijau. Allah memberi kita Roh Kudus-Nya - manik-manik biru - dan berjanji kita akan bersama-Nya di surga, tempat yang berkilau keemasan bila kita mati - manik-manik emas.

Akhir pelajaran menunjukkan bahwa Yesus satu-satunya jalan menuju Allah. Tak seorang pun yang cukup cerdas, cukup baik, cukup kuat, atau cukup mengasihi untuk sampai kepada Allah atas upayanya sendiri. Yesus satu-satunya jalan yang akan dilewati manusia untuk kembali pada Allah. Mengikuti Yesus merupakan satu-satunya kebenaran sejati yang membebaskan manusia dari dosa. Hanya Yesus yang sanggup menganugerahkan kehidupan kekal oleh karena kematian-Nya di Salib.

SYUKUR PUJIAN

KEMAJUAN

MASALAH

RENCANA

Tinjauan

Selamat Datang

Siapa yang Mendirikan Gereja?

Mengapa Itu Penting?

Bagaimana Yesus Mendirikan Gereja-Nya?

–I Korintus 11:1–Ikutilah teladanku, sama seperti aku juga mengikuti teladan Kristus. (LAI-TB)

Latih Seperti Yesus

Bagaimana Yesus Melatih Para Pemimpin?

–Lukas 6:40–Seorang murid tidak lebih daripada gurunya, tetapi siapa saja yang telah tamat pelajarannya akan sama dengan gurunya.(LAI-TB)

Pimpin Seperti Yesus

Menurut Yesus, Siapa Pemimpin Terbesar?

Apa Tujuh Kualitas dari seorang Pemimpin hebat?

–Yohanes 13:14-15–Kalau Aku sebagai Tuhan dan Gurumu membasuh kakimu, kalian wajib juga saling membasuh kaki. Aku memberi teladan ini kepada kalian, supaya kalian juga melakukan apa yang sudah Kulakukan kepadamu.

Kuat Bertumbuh

Allah Memberi Anda Kepribadian Yang Mana?

Tipe Kepribadian Mana yang Paling Disukai Allah?

Tipe Kepribadian Mana yang menciptakan Pemimpin Terbaik?

–Roma 12:4-5–Tubuh kita mempunyai banyak anggota. Setiap anggota ada tugasnya sendiri-sendiri. Begitu juga dengan kita. Meskipun kita

semuanya banyak, namun kita merupakan satu tubuh karena kita bersatu pada Kristus. Dan kita masing-masing berhubungan satu dengan yang lain sebagai anggota-anggota dari satu tubuh.

Lebih Kuat Bersama

Mengapa Ada Delapan Jenis Manusia Di Dunia?

Yesus itu Seperti Apa?

Apa Tiga Pilihan Yang Kita Miliki Bila Terjadi Konflik?

–Galatia 2:20–Saya sudah disalibkan bersama dengan Kristus: dan yang hidup bukan lagi saya, melainkan Kristus yang hidup di dalam saya. (FAYH)

Bagaimana Saya Bisa Berbagi Injil Sederhana?

–LUK 24:1-7–

PADA HARI MINGGU, PAGI-PAGI SEKALI, WANITA-WANITA ITU PERGI KE KUBURAN MEMBAWA RAMUAN YANG SUDAH MEREKA SEDIAKAN. DI KUBURAN, MEREKA MENDAPATI BATU PENUTUPNYA SUDAH TERGULING. LALU MEREKA MASUK KE DALAM KUBURAN ITU, TETAPI TIDAK MENEMUKAN JENAZAH TUHAN YESUS DI SITU. SEMENTARA MEREKA BERDIRI DI SITU DAN BINGUNG MEMIKIRKAN HAL ITU, TIBA-TIBA DUA ORANG DENGAN PAKAIAN BERKILAU-KILAUAN BERDIRI DEKAT MEREKA. MEREKA KETAKUTAN SEKALI, LALU SUJUD SAMPAI KE TANAH, SEMENTARA KEDUA ORANG ITU BERKATA KEPADA MEREKA, "MENGAPA KALIAN MENCARI ORANG HIDUP DI ANTARA ORANG MATI? IA TIDAK ADA DI SINI. IA SUDAH BANGKIT! INGATLAH APA YANG SUDAH DIKATAKAN-NYA KEPADAMU SEWAKTU IA MASIH DI GALILEA. 'ANAK MANUSIA HARUS DISERAHKAN KEPADA ORANG BERDOSA, LALU DISALIBKAN, DAN PADA HARI YANG KETIGA IA AKAN BANGKIT.'"

MANIK-MANIK EMAS

MANIK-MANIK BIRU

MANIK-MANIK HIJAU

MANIK-MANIK HITAM

MANIK-MANIK PUTIH

MANIK-MANIK MERAH

MANIK-MANIK MERAH

MANIK-MANIK PUTIH

MANIK-MANIK HITAM

MANIK-MANIK HIJAU

MANIK-MANIK BIRU

MANIK-MANIK EMAS

Mengapa Kita Butuh Bantuan Yesus?

1. _____

–YESAYA 55:9–
SEPERTI TINGGINYA LANGIT DARI BUMI, DEMIKIANLAH
TINGGINYA JALAN-KU DARI JALANMU DAN RANCANGAN-
KU DARI RANCANGANMU.

> Unjuk kedua jari telunjuk ke pelipis dan
> gelengkan kepala "Tidak."

2. _____

–YESAYA 64:6–
SDEMIKIANLAH KAMI SEKALIAN SEPERTI SEORANG NAJIS
DAN SEGALA KESALEHAN KAMI SEPERTI KAIN KOTOR;
KAMI SEKALIAN MENJADI LAYU SEPERTI DAUN DAN
KAMI LENYAP OLEH KEJAHATAN KAMI SEPERTI DAUN
DILENYAPKAN OLEH ANGIN. (LAI-TB)

> Berpura-pura mengambil banyak uang dari saku
> baju atau dompet lalu gelengkan kepala "Tidak."

3. _____

–ROMA 7:18–
SAYA TAHU BAHWA TIDAK ADA SESUATU PUN YANG BAIK
DI DALAM DIRI SAYA; YAITU DI DALAM TABIAT SAYA

SEBAGAI MANUSIA. SEBAB ADA KEINGINAN PADA SAYA UNTUK BERBUAT BAIK, TETAPI SAYA TIDAK SANGGUP MENJALANKANNYA.(LAI-TB)

👋 Angkat kedua tangan dalam pose "orang kuat" dan gelengkan kepala "Tidak."

4. _____

–ROMA 3:23–
KARENA SEMUA ORANG TELAH BERBUAT DOSA DAN TELAH KEHILANGAN KEMULIAAN ALLAH,

👋 Lebarkan tangan ke sisi, gerakkan naik-turun seolah sedang menimbang, lalu gelengkan kepala "Tidak."

Ayat Hafalan

–YOHANES 14:6–
YESUS MENJAWAB, "AKULAH JALAN, DAN KEBENARAN, DAN HIDUP. TIDAK SEORANG PUN DAPAT DATANG KEPADA BAPA, KECUALI MELALUI AKU."

PRAKTIK

"Kini, kita akan menggunakan proses pelatihan yang juga digunakan Yesus untuk mempraktikkan apa yang kita pelajari dalam pelajaran kepemimpinan ini."

PENUTUP

Kekuatan Pelatihan Pelatih

Program Yesus-ku

7

Bentuk Murid

Pemimpin yang baik selalu memiliki program yang baik. Yesus memberikan murid-murid program sederhana tetapi berdaya guna bagi pelayanan mereka dalam Lukas 10: siapkan hatimu, carilah orang yang suka damai, beritakan injil, dan evaluasi hasilnya. Yesus telah memberikan kita program yang baik untuk diikuti.

Entah kita memulai pelayanan di jemaat, gereja baru, atau kelompok sel, langkah-langkah dalam program Yesus akan membantu mencegah kesalahan yang tak perlu. Pelajaran ini mengajari para pemimpin bagaimana saling membina dalam hal Program Yesus-nya masing-masing. Mereka pun akan mulai menyiapkan presentasi Program Yesus kepada grup.

SYUKUR PUJIAN

KEMAJUAN

MASALAH

RENCANA

Tinjauan

Selamat Datang

Siapa yang Mendirikan Gereja?

Mengapa Itu Penting?

Bagaimana Yesus Mendirikan Gereja-Nya?

–I Korintus 11:1–Ikutilah teladanku, sama seperti aku juga mengikuti teladan Kristus. (LAI-TB)

Latih Seperti Yesus

Bagaimana Yesus Melatih Para Pemimpin?

–Lukas 6:40–Seorang murid tidak lebih daripada gurunya, tetapi siapa saja yang telah tamat pelajarannya akan sama dengan gurunya.(LAI-TB)

Pimpin Seperti Yesus

Menurut Yesus, Siapa Pemimpin Terbesar?

Apa Tujuh Kualitas dari seorang Pemimpin hebat?

–Yohanes 13:14-15–Kalau Aku sebagai Tuhan dan Gurumu membasuh kakimu, kalian wajib juga saling membasuh kaki. Aku memberi teladan ini kepada kalian, supaya kalian juga melakukan apa yang sudah Kulakukan kepadamu.

44

Kuat Bertumbuh

Allah Memberi Anda Kepribadian Yang Mana?

Tipe Kepribadian Mana yang Paling Disukai Allah?

Tipe Kepribadian Mana yang menciptakan Pemimpin Terbaik?

–Roma 12:4-5–Tubuh kita mempunyai banyak anggota. Setiap anggota ada tugasnya sendiri-sendiri. Begitu juga dengan kita. Meskipun kita semuanya banyak, namun kita merupakan satu tubuh karena kita bersatu pada Kristus. Dan kita masing-masing berhubungan satu dengan yang lain sebagai anggota-anggota dari satu tubuh.

Lebih Kuat Bersama

Mengapa Ada Delapan Jenis Manusia Di Dunia?

Yesus itu Seperti Apa?

Apa Tiga Pilihan Yang Kita Miliki Bila Terjadi Konflik?

–Galatia 2:20–Saya sudah disalibkan bersama dengan Kristus: dan yang hidup bukan lagi saya, melainkan Kristus yang hidup di dalam saya. (FAYH)

Berbagi Kabar Gembira

Bagaimana Saya Bisa Berbagi Injil Sederhana?

Mengapa Kita Butuh Bantuan Yesus?

–Yohanes 14:6–Yesus menjawab, " "Akulah Jalan, dan Kebenaran, dan Hidup. Tidak seorang pun dapat datang kepada Bapa, kecuali melalui Aku."

Apa Langkah Pertama dalam Program Yesus?

–LUKAS 10:1-4–

¹SETELAH ITU TUHAN MEMILIH TUJUH PULUH PENGIKUT LAGI, LALU MENGUTUS MEREKA BERDUA-DUA MENDAHULUI DIA KE SETIAP KOTA DAN TEMPAT YANG HENDAK DIKUNJUNGI-NYA.

²"HASIL YANG AKAN DITUAI BANYAK," KATA-NYA KEPADA MEREKA, "TETAPI PEKERJA UNTUK MENUAINYA HANYA SEDIKIT. SEBAB ITU, MINTALAH KEPADA PEMILIK LADANG SUPAYA IA MENGIRIMKAN PEKERJA UNTUK MENUAI HASIL TANAMAN-NYA.

³NAH, BERANGKATLAH! AKU MENGUTUS KALIAN SEPERTI DOMBA KE TENGAH-TENGAH SERIGALA.

⁴JANGAN MEMBAWA DOMPET ATAU KANTONG SEDEKAH, ATAUPUN SEPATU. JANGAN BERHENTI DI TENGAH JALAN UNTUK MEMBERI SALAM KEPADA SEORANGPUN JUGA.

✍ Bersandarlah pada-Ku ✍

✋ Gunakan kedua telunjuk dan jari tengah untuk "berjalan" bersama.

PERGILAH KE TEMPAT YESUS BERKARYA (1)

✋ Taruh satu tangan di dada dan geleng kepala, "Tidak".

✋ Taruh satu tangan di atas mata; tengok kiri-kanan.

🖐 Unjuk tangan ke suatu tempat di depanmu dan anggukkan kepala "ya".

🖐 Angkat kedua tangan ke atas untuk memuji lalu silangkan di depan dada.

DOAKAN PARA PEMIMPIN DARI LADANG TUAIAN (2)

🖐 Tangan terangkat, menyembah.

🖐 Kedua telapak ke arah luar menutup muka; kepala berpaling.

🖐 Tangkupkan tangan untuk terima.

🖐 Tangan terlipat dalam posisi doa dan tempatkan di atas dahi melambangkan rasa hormat.

PERGILAH DENGAN RENDAH HATI (3)

✎ Si Pemimpin hebat ✎

🖐 Bentuk posisi "tangan berdoa" dan tunduk.

BERGANTUNG PADA ALLAH, BUKAN UANG (4)

✍ Uang Ibarat Madu ✍

✋ Pura-pura ambil uang dari saku baju, gelengkan kepala "tidak," lalu unjuk ke langit sambil angguk "ya".

PERGI LANGSUNG KE TEMPAT IA MEMANGGIL (4)

✍ Gangguan Baik ✍

✋ Tempelkan telapak dan jari kedua tangan lalu buat gerakan "langsung ke tujuan".

Ayat Hafalan

–LUKAS 10:2–
HASIL YANG AKAN DITUAI BANYAK," KATA-NYA KEPADA MEREKA, "TETAPI PEKERJA UNTUK MENUAINYA HANYA SEDIKIT. SEBAB ITU, MINTALAH KEPADA PEMILIK LADANG SUPAYA IA MENGIRIMKAN PEKERJA UNTUK MENUAI HASIL TANAMAN-NYA."

PRAKTIK

PENUTUP

Program Yesus-ku

8

Rintis Grup

Para pemimpin telah menyiapkan hati dalam Langkah 1 Program Yesus. Pelajaran "Rintis Grup" meliputi langkah 2, 3, dan 4. Kita bisa menghindari banyak kesalahan dalam pelayanan dan misi cukup dengan mengikuti prinsip-prinsip Program Yesus dalam Lukas 10. Para pemimpin menerapkan prinsip ini pada akhir sesi saat melengkapi Program Yesus-nya masing-masing.

Langkah 2 tentang pengembangan relasi. Kita bersatu dengan Allah di tempat-Nya berkarya dan mencari orang berpengaruh yang tanggap terhadap pesan ini. Kita makan dan minum hidangan mereka untuk menunjukkan penerimaan kita. Kita tidak berpindah dari satu persahabatan ke lain persahabatan karena mengurangi nilai pesan rekonsiliasi yang kita wartakan.

Kita berbagi injil pada Langkah 3. Yesus adalah gembala dan ingin melindungi dan melayani manusia. Pada langkah ini, pelatih menyemangati pemimpin agar mencari cara untuk membawa kesembuhan ketika mereka melayani. Orang tidak peduli apa yang Anda ketahui sampai mereka tahu Anda peduli. Menyembuhkan orang sakit membukakan pintu bagi pemberitaan Injil.

Kita mengevaluasi hasil dan melakukan penyesuaian pada Langkah 4. Sejauh mana mereka menerima? Adakah ketertarikan murni akan hal-hal rohani atau alasan lain seperti uang yang mendorong keingintahuan mereka. Jika orang tanggap, kita tinggal dan teruskan misi. Jika tidak tanggap, Yesus perintahkan agar kita tinggalkan dan mulai di tempat lain lagi.

SYUKUR PUJIAN

KEMAJUAN

MASALAH

RENCANA

Tinjauan

Selamat Datang
Siapa yang Mendirikan Gereja?
Mengapa Itu Penting?
Bagaimana Yesus Mendirikan Gereja-Nya?

—I Korintus 11:1—Ikutilah teladanku, sama seperti aku juga mengikuti teladan Kristus. (LAI-TB)

Latih Seperti Yesus

Bagaimana Yesus Melatih Para Pemimpin?

–Lukas 6:40–Seorang murid tidak lebih daripada gurunya, tetapi siapa saja yang telah tamat pelajarannya akan sama dengan gurunya.(LAI-TB)

Pimpin Seperti Yesus

Menurut Yesus, Siapa Pemimpin Terbesar?

Apa Tujuh Kualitas dari seorang Pemimpin hebat?

–Yohanes 13:14-15–Kalau Aku sebagai Tuhan dan Gurumu membasuh kakimu, kalian wajib juga saling membasuh kaki. Aku memberi teladan ini kepada kalian, supaya kalian juga melakukan apa yang sudah Kulakukan kepadamu.

Kuat Bertumbuh

Allah Memberi Anda Kepribadian Yang Mana?

Tipe Kepribadian Mana yang Paling Disukai Allah?

Tipe Kepribadian Mana yang menciptakan Pemimpin Terbaik?

–Roma 12:4-5–Sebab sama seperti pada satu tubuh, kita mempunyai banyak anggota, tetapi tidak semua anggota itu mempunyai tugas yang sama, demikian juga kita, walaupun banyak, adalah satu tubuh di dalam Kristus; tetapi kita masing-masing adalah anggota yang seorang terhadap yang lain.

Lebih Kuat Bersama

Mengapa Ada Delapan Jenis Manusia Di Dunia?

Yesus itu Seperti Apa?

Apa Tiga Pilihan Yang Kita Miliki Bila Terjadi Konflik?

–Galatia 2:20–Saya sudah disalibkan bersama dengan Kristus: dan yang hidup bukan lagi saya, melainkan Kristus yang hidup di dalam saya. (FAYH)

Berbagi Kabar Gembira

Bagaimana Saya Bisa Berbagi Injil Sederhana?

Mengapa Kita Butuh Bantuan Yesus?

–Yohanes 14:6–Yesus menjawab, " "Akulah Jalan, dan Kebenaran, dan Hidup. Tidak seorang pun dapat datang kepada Bapa, kecuali melalui Aku."

Bentuk Murid

Apa Langkah Pertama dalam Program Yesus?

–Lukas 10:2–Hasil yang akan dituai banyak," kata-Nya kepada mereka, "tetapi pekerja untuk menuainya hanya sedikit. Sebab itu, mintalah kepada Pemilik ladang supaya Ia mengirimkan pekerja untuk menuai hasil tanaman-Nya."

Apa Langkah Kedua dalam Program Yesus?

–LUKAS 10:5-8–

5KALAU KALIAN MASUK SEBUAH RUMAH, KATAKANLAH LEBIH DAHULU, 'SEMOGA SEJAHTERALAH DALAM RUMAH INI.'
6KALAU DI SITU ADA ORANG YANG SUKA DAMAI, SALAM DAMAIMU ITU AKAN TETAP PADANYA; KALAU TIDAK, TARIKLAH KEMBALI SALAM DAMAIMU ITU.

⁷TINGGALLAH DI SATU RUMAH SAJA. TERIMALAH APA YANG DIHIDANGKAN DI SITU KEPADAMU, SEBAB ORANG YANG BEKERJA BERHAK MENERIMA UPAHNYA. JANGAN BERPINDAH-PINDAH DARI SATU RUMAH KE RUMAH YANG LAIN.

⁸APABILA KALIAN DATANG KE SEBUAH KOTA DAN DI SANA KALIAN DISAMBUT DENGAN BAIK, MAKANLAH APA YANG DIHIDANGKAN DI SITU KEPADAMU.

CARILAH ORANG YANG SUKA DAMAI (5, 6)

✋ Tepuk tangan bersama seolah teman-teman sedang berjabat tangan.

MAKAN DAN MINUM APA YANG DIHIDANGKAN KEPADAMU (7, 8)

✋ Berpura-pura mau makan dan minum. Lalu elus perut seakan-akan makanannya bagus.

JANGAN BERPINDAH-PINDAH RUMAH (7)

✋ Buat bentuk atap rumah dengan kedua tangan. Pindahkan rumah itu ke beberapa tempat lalu gelengkan kepala "Tidak."

∽ Bagaimana Membuat Marah Orang Sekampung ∽

Apa Langkah Ketiga dalam Program Yesus?

–LUKAS 10:9–
SEMBUHKANLAH ORANG-ORANG SAKIT YANG ADA DI
SITU DAN KATAKANLAH KEPADA MEREKA: KERAJAAN
ALLAH SUDAH DEKAT PADAMU.

SEMBUHKAN ORANG SAKIT (9)

✋ Gerakkan tangan seolah sedang menumpangkan tangan untuk penyembuhan orang sakit

BERBAGI KABAR GEMBIRA (9)

✋ Tangkupkan tangan di sekitar mulut seolah sedang memegang *megaphone*.

∽ Burung Bersayap-Dua ∽

Apa Langkah Keempat dalam Program Yesus?

–LUKAS 10:10-11–
TETAPI JIKALAU KAMU MASUK KE DALAM SEBUAH KOTA DAN KAMU TIDAK DITERIMA DI SITU, PERGILAH KE JALAN-JALAN RAYA KOTA ITU DAN SERUKANLAH: JUGA DEBU KOTAMU YANG MELEKAT PADA KAKI KAMI, KAMI KEBASKAN DI DEPANMU; TETAPI KETAHUILAH INI: KERAJAAN ALLAH SUDAH DEKAT.'

EVALUASI CARA MEREKA MENANGGAPI (10, 11)

Lakukan gerakan seolah sedang mengatur skala timbangan. Gerakkan skala ke atas dan ke bawah dengan pandangan ingin tahu pada wajah Anda.

TINGGALKAN JIKA MEREKA TIDAK TANGGAP (11)

Lambaikan tangan selamat tinggal.

Ayat Hafalan

–LUKAS 10:9–
SEMBUHKANLAH ORANG-ORANG SAKIT YANG ADA DI SITU DAN KATAKANLAH KEPADA MEREKA: KERAJAAN ALLAH SUDAH DEKAT PADAMU.

PRAKTIK

PENUTUP

Program Yesus-ku

9

Gandakan Grup

Gereja-gereja yang bereproduksi secara sehat merupakan hasil dari bertumbuh kuat dalam Tuhan, memberitakan Injil, membentuk murid, merintis grup, dan melatih para pemimpin. Namun, kebanyakan pemimpin tidak pernah merintis suatu gereja, dan tidak tahu caranya merintis. "Gandakan Grup" memperkenalkan tempat-tempat yang menjadi fokus kita ketika kita merintis grup yang mengarah kepada gereja-gereja. Dalam Kisah Para Rasul, Yesus memerintahkan kita untuk merintis grup di empat wilayah berbeda. Ia katakan untuk merintis grup di kota dan daerah tempat tinggal kita. Lalu, Ia katakan untuk memulai persekutuan baru di wilayah dan kelompok etnis lainnya yang bertetangga dengan tempat tinggal kita. Akhirnya, Yesus memerintahkan kita agar pergi ke berbagai penjuru dunia dan menjangkau setiap kelompok etnis. Pelatih mendorong para pemimpin untuk mengadopsi semangat Yesus demi semua orang dan membuat rencana untuk menjangkau mereka di Yerusalem, Yudea, Samaria, dan sampai ke ujung dunia. Para pemimpin menambahkan komitmen ini pada "Program Yesus" mereka.

Kisah Para Rasul juga menguraikan pekerjaan empat jenis perintis grup. Petrus, seorang gembala, membantu merintis grup di rumah Kornelius. Paulus, seorang awam, menjelajahi Kekaisaran Romawi untuk merintis grup. Priskila & Akwila, pengusaha swasta, merintis grup di tempat mereka berbisnis. Jemaat "teraniaya" dalam Kisras 8 menyebar dan merintis grup di tempat mereka menyebar. Dalam pelajaran ini, para pemimpin mengidentifikasi perintis grup yang mungkin, sesuai arus pengaruhnya dan menambahkan mereka dalam "Program Yesus" mereka. Sesi ini berakhir dengan membahas asumsi bahwa merintis gereja memerlukan banyak rekening bank. Kebanyakan jemaat bermula di rumah dengan biaya yang lebih murah dari harga sebuah Alkitab.

Syukur Pujian

Kemajuan

Masalah

Rencana

Tinjauan

Selamat Datang
Siapa yang Mendirikan Gereja?
Mengapa Itu Penting?
Bagaimana Yesus Mendirikan Gereja-Nya?

–I Korintus 11:1–Ikutilah teladanku, sama seperti aku juga mengikuti teladan Kristus. (LAI-TB)

Latih Seperti Yesus

Bagaimana Yesus Melatih Para Pemimpin?

–Lukas 6:40–Seorang murid tidak lebih daripada gurunya, tetapi siapa saja yang telah tamat pelajarannya akan sama dengan gurunya. (LAI-TB)

Pimpin Seperti Yesus

Menurut Yesus, Siapa Pemimpin Terbesar?

Apa Tujuh Kualitas dari seorang Pemimpin hebat?

–Yohanes 13:14-15–Kalau Aku sebagai Tuhan dan Gurumu membasuh kakimu, kalian wajib juga saling membasuh kaki. Aku memberi teladan ini kepada kalian, supaya kalian juga melakukan apa yang sudah Kulakukan kepadamu.

Kuat Bertumbuh

Allah Memberi Anda Kepribadian Yang Mana?

Tipe Kepribadian Mana yang Paling Disukai Allah?

Tipe Kepribadian Mana yang menciptakan Pemimpin Terbaik?

–Roma 12:4-5–Tubuh kita mempunyai banyak anggota. Setiap anggota ada tugasnya sendiri-sendiri. Begitu juga dengan kita. Meskipun kita semuanya banyak, namun kita merupakan satu tubuh karena kita bersatu pada Kristus. Dan kita masing-masing berhubungan satu dengan yang lain sebagai anggota-anggota dari satu tubuh.

Lebih Kuat Bersama

Mengapa Ada Delapan Jenis Manusia Di Dunia?

Yesus itu Seperti Apa?

Apa Tiga Pilihan Yang Kita Miliki Bila Terjadi Konflik?

> *–Galatia 2:20–Saya sudah disalibkan bersama dengan Kristus: dan yang hidup bukan lagi saya, melainkan Kristus yang hidup di dalam saya. (FAYH)*

Berbagi Kabar Gembira

Bagaimana Saya Bisa Berbagi Injil Sederhana?

Mengapa Kita Butuh Bantuan Yesus?

> *–Yohanes 14:6–Yesus menjawab, " "Akulah Jalan, dan Kebenaran, dan Hidup. Tidak seorang pun dapat datang kepada Bapa, kecuali melalui Aku."*

Bentuk Murid

Apa Langkah Pertama dalam Program Yesus?

> *–Lukas 10:2–Hasil yang akan dituai banyak," kata-Nya kepada mereka, "tetapi pekerja untuk menuainya hanya sedikit. Sebab itu, mintalah kepada Pemilik ladang supaya Ia mengirimkan pekerja untuk menuai hasil tanaman-Nya."*

Rintis Grup

Apa Langkah Kedua dalam Program Yesus?

Apa Langkah Ketiga dalam Program Yesus?

Apa Langkah Keempat dalam Program Yesus?

> *–Lukas 10:9–Sembuhkanlah orang-orang sakit yang ada di situ dan katakanlah kepada mereka: Kerajaan Allah sudah dekat padamu.*

Di empat tempat manakah Yesus perintahkan umat beriman untuk merintis grup?

–KISRAS 1:8–

TETAPI KALIAN AKAN MENDAPAT KUASA, KALAU ROH ALLAH SUDAH DATANG KEPADAMU. DAN KALIAN AKAN MENJADI SAKSI-SAKSI UNTUK-KU DI YERUSALEM, DI SELURUH YUDEA, DI SAMARIA, DAN SAMPAI KE UJUNG BUMI."

1. _____

2. _____

3. _____

4. _____

Apa empat cara untuk merintis grup atau gereja baru?

1. _____

–KISRAS 10:9–

KEESOKAN HARINYA KETIKA KETIGA ORANG ITU BERADA DALAM PERJALANAN DAN SUDAH DEKAT KOTA YOPE, KIRA-KIRA PUKUL DUA BELAS TENGAH HARI, NAIKLAH PETRUS KE ATAS RUMAH UNTUK BERDOA.(LAI-TB)

2. _____

–KISRAS 13:2–
KETIKA MEREKA BERIBADAH KEPADA TUHAN DAN
BERPUASA, BERKATALAH ROH KUDUS, "KHUSUSKANLAH
BARNABAS DAN SAULUS BAGI-KU UNTUK TUGAS YANG
TELAH KUTENTUKAN BAGI MEREKA." (LAI-TB)

3. _____

–I KORINTUS 16:19–
SALAM KEPADAMU DARI JEMAAT-JEMAAT DI ASIA KECIL.
AKWILA, PRISKILA DAN JEMAAT DI RUMAH MEREKA
MENYAMPAIKAN BERLIMPAH-LIMPAH SALAM DALAM
TUHAN KEPADAMU.

4. _____

–KISRAS 8:1–
SAULUS JUGA SETUJU DENGAN PEMBUNUHAN ATAS
STEFANUS. PADA WAKTU ITU MULAILAH PENGANIAYAAN
YANG HEBAT TERHADAP JEMAAT DI YERUSALEM. MEREKA
SEMUA, KECUALI RASUL-RASUL, TERSEBAR KE SELURUH
DAERAH YUDEA DAN SAMARIA. (LAI-TB)

Ayat Hafalan

–KISRAS 1:8–
TETAPI KALIAN AKAN MENDAPAT KUASA, KALAU ROH ALLAH
SUDAH DATANG KEPADAMU. DAN KALIAN AKAN MENJADI
SAKSI-SAKSI UNTUK-KU DI YERUSALEM, DI SELURUH
YUDEA, DI SAMARIA, DAN SAMPAI KE UJUNG BUMI."

PRAKTIK

PENUTUP

Berapa besarnya biaya untuk merintis gereja baru?

Program Yesus-ku

PERTANYAAN UMUM LAINNYA

Bagaimana Anda bekerja dengan mereka yang tidak terpelajar pada sesi pelatihan?

10

Ikut Yesus

Dalam *Melatih Pemimpin Radikal* para pemimpin telah belajar tentang siapa pendiri gereja dan mengapa hal itu penting. Mereka menguasai lima bagian strategi Yesus untuk menjangkau dunia dan berpraktik membina satu sama lain. Mereka memahami tujuh kualitas pemimpin hebat, mengembangkan "pohon pelatihan" untuk masa depan, dan tahu bagaimana bekerja sama dengan berbagai tipe kepribadian. Tiap pemimpin memiliki program berdasarkan Program Yesus dalam Lukas 10. "Ikut Yesus" membahas satu bagian kepemimpinan yang tersisa: motivasi.

Dua ribu tahun lalu, orang mengikuti Yesus dengan berbagai alasan. Beberapa, seperti Yakobus dan Yohanes, yakin dengan mengikuti Yesus akan menjadikan mereka terkenal. Yang lain, seperti orang Farisi, mengikuti-Nya untuk mengkritik dan memperlihatkan superioritas mereka. Yang lainnya lagi, seperti Yudas, mengikuti Yesus demi uang. Rombongan lima ribu orang ingin mengikuti Yesus karena Ia menyediakan makanan yang mereka butuhkan. Sekelompok lain mengikuti Yesus karena butuh kesembuhan, dan hanya satu yang kembali untuk mengucapkan terima kasih. Menyedihkan, banyak orang secara egois mengikuti Yesus demi apa yang bisa Yesus berikan. Hari ini pun tiada bedanya. Sebagai pemimpin, kita harus memeriksa diri dan bertanya, "Mengapa saya mengikuti Yesus?"

Yesus memuji orang yang mengikuti-Nya dengan semangat kasih. Hadiah parfum mewah dari wanita terkucil mengandung janji akan dikenang di mana pun orang mewartakan kabar baik. Kekurangan seorang janda menyentuh hati Yesus lebih daripada seluruh emas kenisah. Yesus kecewa ketika seorang lelaki muda kaya raya, menolak mengasihi Allah dengan segenap hati dan sebaliknya memilih hartanya. Juga, Yesus menanyai Petrus satu pertanyaan saja untuk memulihkannya setelah penyangkalannya, "Simon, apakah engkau mengasihi Aku?" Para pemimpin rohani mengasihi sesama dan mengasihi Allah.

Sesi ini berakhir dengan tiap pemimpin berbagi "Program Yesus"nya. Mereka saling mendoakan, bertekad untuk bekerja sama, dan membina pemimpin baru demi kasih dan kemuliaan Allah.

SYUKUR PUJIAN

KEMAJUAN

Selamat Datang
Siapa yang Mendirikan Gereja?
Mengapa Itu Penting?
Bagaimana Yesus Mendirikan Gereja-Nya?

–I Korintus 11:1–Ikutilah teladanku, sama seperti aku juga mengikuti teladan Kristus. (LAI-TB)

Latih Seperti Yesus

Bagaimana Yesus Melatih Para Pemimpin?

–Lukas 6:40–Seorang murid tidak lebih daripada gurunya, tetapi siapa saja yang telah tamat pelajarannya akan sama dengan gurunya. (LAI-TB)

Pimpin Seperti Yesus

Menurut Yesus, Siapa Pemimpin Terbesar?

Apa Tujuh Kualitas dari seorang Pemimpin hebat?

–Yohanes 13:14-15–Kalau Aku sebagai Tuhan dan Gurumu membasuh kakimu, kalian wajib juga saling membasuh kaki. Aku memberi teladan ini kepada kalian, supaya kalian juga melakukan apa yang sudah Kulakukan kepadamu.

Kuat Bertumbuh

Allah Memberi Anda Kepribadian Yang Mana?

Tipe Kepribadian Mana yang Paling Disukai Allah?

Tipe Kepribadian Mana yang menciptakan Pemimpin Terbaik?

–Roma 12:4-5–Tubuh kita mempunyai banyak anggota. Setiap anggota ada tugasnya sendiri-sendiri. Begitu juga dengan kita. Meskipun kita semuanya banyak, namun kita merupakan satu tubuh karena kita bersatu pada Kristus. Dan kita masing-masing berhubungan satu dengan yang lain sebagai anggota-anggota dari satu tubuh.

Lebih Kuat Bersama

Mengapa Ada Delapan Jenis Manusia Di Dunia?

Yesus itu Seperti Apa?

Apa Tiga Pilihan Yang Kita Miliki Bila Terjadi Konflik?

–Galatia 2:20–Saya sudah disalibkan bersama dengan Kristus: dan yang hidup bukan lagi saya, melainkan Kristus yang hidup di dalam saya. (FAYH)

Berbagi Kabar Gembira

Bagaimana Saya Bisa Berbagi Injil Sederhana?

Mengapa Kita Butuh Bantuan Yesus?

–Yohanes 14:6–Yesus menjawab, " "Akulah Jalan, dan Kebenaran, dan Hidup. Tidak seorang pun dapat datang kepada Bapa, kecuali melalui Aku."

Bentuk Murid

Apa Langkah Pertama dalam Program Yesus?

–Lukas 10:2–Hasil yang akan dituai banyak," kata-Nya kepada mereka, "tetapi pekerja untuk menuainya hanya sedikit. Sebab itu, mintalah kepada Pemilik ladang supaya Ia mengirimkan pekerja untuk menuai hasil tanaman-Nya."

Rintis Grup

Apa Langkah Kedua dalam Program Yesus?

Apa Langkah Ketiga dalam Program Yesus?

Apa Langkah Keempat dalam Program Yesus?

–Lukas 10:9–Sembuhkanlah orang-orang sakit yang ada di situ dan katakanlah kepada mereka: Kerajaan Allah sudah dekat padamu.

Rintis Gereja

Di empat tempat manakah Yesus perintahkan umat beriman untuk merintis gereja?

Apa empat cara untuk merintis gereja baru?

Berapa besarnya biaya untuk merintis gereja baru?

> *–Kisras 1:8–Tetapi kalian akan mendapat kuasa, kalau Roh Allah sudah datang kepadamu. Dan kalian akan menjadi saksi-saksi untuk-Ku di Yerusalem, di seluruh Yudea, di Samaria, dan sampai ke ujung bumi."*

RENCANA

Mengapa Anda Ikut Yesus?

1. _____

–MARKUS 10:35-37–

LALU YAKOBUS DAN YOHANES, ANAK-ANAK ZEBEDEUS, MENDEKATI YESUS DAN BERKATA KEPADA-NYA, "GURU, KAMI HARAP ENGKAU MELAKUKAN APA PUN YANG KAMI MINTA DARI ENGKAU!" JAWAB-NYA KEPADA MEREKA, "APA YANG KAMU KEHENDAKI KUPERBUAT BAGIMU?" LALU KATA MEREKA, "PERKENANKANLAH KAMI DUDUK DALAM KEMULIAAN-MU KELAK, YANG SEORANG DI SEBELAH KANAN-MU DAN YANG SEORANG LAGI DI SEBELAH KIRI-MU." (LAI-TB)

2. _____

–LUKAS 11:53-54–

DAN SETELAH YESUS BERANGKAT DARI TEMPAT ITU,
AHLI-AHLI TAURAT DAN ORANG-ORANG FARISI TERUS-
MENERUS MENGINTAI DAN MEMBANJIRI-NYA DENGAN
RUPA-RUPA SOAL. UNTUK ITU MEREKA BERUSAHA
MEMANCING-NYA, SUPAYA MEREKA DAPAT MENANGKAP-
NYA BERDASARKAN SESUATU YANG DIUCAPKAN-NYA.
(LAI-TB)

3. _____

–YOHANES 12:4-6–

TETAPI YUDAS ISKARIOT, SALAH SEORANG PENGIKUT
YESUS — YANG KEMUDIAN MENGKHIANATI-NYA —
BERKATA, "MENGAPA MINYAK WANGI ITU TIDAK DIJUAL
SAJA DENGAN HARGA TIGA RATUS UANG PERAK DAN
UANGNYA DIBERIKAN KEPADA ORANG MISKIN? YUDAS
BERKATA BEGITU BUKAN KARENA IA MEMPERHATIKAN
ORANG MISKIN, TETAPI KARENA IA PENCURI. IA SERING
MENGAMBIL UANG DARI KAS BERSAMA YANG DISIMPAN
PADANYA.

4. _____

–YOHANES 6:11-15–

LALU YESUS MENGAMBIL ROTI ITU, MENGUCAP SYUKUR
DAN MEMBAGI-BAGIKANNYA KEPADA MEREKA YANG
DUDUK DI SITU, DEMIKIAN JUGA DIBUAT-NYA DENGAN
IKAN-IKAN ITU, SEBANYAK YANG MEREKA KEHENDAKI.
DAN SETELAH MEREKA KENYANG IA BERKATA KEPADA
MURID-MURID-NYA: "KUMPULKANLAH POTONGAN-

POTONGAN YANG LEBIH SUPAYA TIDAK ADA YANG TERBUANG." MAKA MEREKAPUN MENGUMPULKANNYA, DAN MENGISI DUA BELAS BAKUL PENUH DENGAN POTONGAN-POTONGAN DARI KELIMA ROTI JELAI YANG LEBIH SETELAH ORANG MAKAN. KETIKA ORANG-ORANG ITU MELIHAT MUJIZAT YANG TELAH DIADAKAN-NYA, MEREKA BERKATA: "DIA INI ADALAH BENAR-BENAR NABI YANG AKAN DATANG KE DALAM DUNIA." KARENA YESUS TAHU, BAHWA MEREKA HENDAK DATANG DAN HENDAK MEMBAWA DIA DENGAN PAKSA UNTUK MENJADIKAN DIA RAJA, IA MENYINGKIR PULA KE GUNUNG, SEORANG DIRI.

5. _____

–LUKAS 17:12-14–
KETIKA IA MEMASUKI SUATU DESA DATANGLAH SEPULUH ORANG KUSTA MENEMUI DIA. MEREKA TINGGAL BERDIRI AGAK JAUH DAN BERTERIAK: "YESUS, GURU, KASIHANILAH KAMI!" LALU IA MEMANDANG MEREKA DAN BERKATA: "PERGILAH, PERLIHATKANLAH DIRIMU KEPADA IMAM-IMAM." DAN SEMENTARA MEREKA DI TENGAH JALAN MEREKA MENJADI TAHIR. (BIS)

Ingatkah Anda akan wanita pendosa yang mengurapi Yesus dengan parfum mewah?"

–MATIUS 26:13–
"SESUNGGUHNYA AKU BERKATA KEPADAMU: DI MANA SAJA INJIL INI DIBERITAKAN DI SELURUH DUNIA, APA YANG DILAKUKANNYA INI AKAN DISEBUT JUGA UNTUK MENGINGAT DIA." (LAI-TB)

"Ingatkah Anda akan si janda miskin? Persembahannya menyentuh hati Yesus lebih dari semua harta kenisah."

–LUKAS 21:3–
"LALU IA BERKATA, "SESUNGGUHNYA AKU BERKATA KEPADAMU, JANDA MISKIN INI MEMBERI LEBIH BANYAK DARIPADA SEMUA ORANG ITU. (LAI-TB)

"Ingatkah Anda satu pertanyaan Yesus kepada Petrus setelah ia menyangkal-Nya?"

–YOHANES 21:17–
UNTUK KETIGA KALINYA YESUS BERTANYA KEPADANYA, "SIMON ANAK YONA, APAKAH ENGKAU MENCINTAI AKU?" PETRUS MENJADI SEDIH SEBAB YESUS BERTANYA KEPADANYA SAMPAI TIGA KALI. MAKA PETRUS MENJAWAB LAGI, "TUHAN, TUHAN TAHU SEGALA-GALANYA. TUHAN TAHU SAYA MENCINTAI TUHAN!" LALU YESUS BERKATA KEPADANYA, "PELIHARALAH DOMBA-DOMBA-KU."

PRESENTASI PROGRAM YESUS

Melatih Pemimpin

Melatih Pemimpin Radikal dikembangkan berdasarkan kursus pertama, *Membentuk Murid-Murid Radikal*, dan membantu mereka yang sudah merintis grup murid berkembang menjadi pemimpin dan menggandakan lebih banyak grup.

HASIL-HASIL PELATIHAN

Setelah menyelesaikan seminar pelatihan ini, para peserta bisa:

- Mengajari pemimpin lain sepuluh pelajaran inti kepemimpinan.
- Melatih pemimpin lain menggunakan proses reproduksibel yang dicontohkan Yesus.
- Mengenal berbagai jenis kepribadian dan membantu orang bekerja sama sebagai tim.
- Mengembangkan program strategis untuk melibatkan mereka yang hilang secara rohani di dalam komunitasnya dan menggandakan grup baru.
- Memahami cara memimpin gerakan perintisan gereja.

PROSES PELATIHAN

Tiap sesi pelatihan kepemimpinan mengikuti format yang sama, sesuai cara Yesus melatih murid-murid-Nya sebagai pemimpin. Berikut adalah garis besar pelajaran, dengan saran jangka-waktu.

SYUKUR PUJIAN

- Nyanyikan dua lagu koor atau madah bersama (atau lebih jika waktu memungkinkan).

(10 menit)

KEMAJUAN

- Salah satu pemimpin menceritakan kemajuan pelayanannya sejak saat terakhir mereka bertemu. Grup mendoakan si pemimpin dan pelayanannya.

(10 menit)

MASALAH

- Pelatih memperkenalkan masalah umum kepemimpinan, menjelaskannya dengan cerita atau ilustrasi pribadi.

(5 menit)

RENCANA

- Pelatih mengajarkan pelajaran kepemimpinan sederhana yang memberi para pemimpin wawasan dan kecakapan guna menyelesaikan masalah kepemimpinan.

(20 menit)

PRAKTIK

- Para pemimpin dibagi ke dalam grup-empat dan mempraktikkan metoda pelatihan kepemimpinan dengan membahas pelajaran yang telah dipelajari, meliputi:

  o Hasil kemajuan dalam area kepemimpinan ini.
  o Masalah yang dihadapi dalam area kepemimpinan ini.
  o Rencana perbaikan dalam 30 hari ke depan berdasarkan pelajaran kepemimpinan.
  o Kecakapan yang akan dipraktikkan dalam 30 hari ke depan sesuai pelajaran kepemimpinan.

- Para pemimpin berdiri dan bersama mengulangi ayat hafalan 10 kali: 6 kali membaca dari Alkitab, dan 4 kali di luar kepala.

(30 menit)

DOA

- Grup-empat berbagi tentang doa lalu saling mendoakan.

(10 menit)

PENUTUP

- Kebanyakan sesi berakhir dengan kegiatan belajar untuk membantu pemimpin menerapkan pelajaran kepemimpinan dalam tiap situasinya sendiri.

(15 menit)

Prinsip-prinsip Pelatihan

Membantu orang lain berkembang menjadi pemimpin merupakan pekerjaan menyenangkan dan menuntut pengorbanan. Kebalikan dari pendapat populer, pemimpin dibentuk, bukan dilahirkan. Agar muncul lebih banyak pemimpin, pengembangan kepemimpinan harus terencana dan sistematis. Ada yang keliru meyakini bahwa orang menjadi pemimpin karena kepribadiannya. Suatu survei singkat mengenai kesuksesan gembala gereja–mega di Amerika, justru mendapati gembala dengan berbagai kepribadian. Bila kita mengikuti Yesus, kita mengikuti pemimpin teragung sepanjang masa, dan kita sendiri berkembang sebagai pemimpin.

Memunculkan pemimpin memerlukan pendekatan berimbang terhadap pengembangan kepemimpinan. Pendekatan berimbang meliputi penerapan pengetahuan, karakter, kecakapan, dan motivasi. Setiap pribadi membutuhkan keempat unsur ini agar menjadi pemimpin efektif. Tanpa pengetahuan, asumsi keliru dan salah pengertian menyesatkan pemimpin. Tanpa karakter, pemimpin akan membuat kesalahan moral dan rohani yang merintangi misi. Tanpa kecakapan, pemimpin akan terus mengulang cara lama atau memakai metoda usang. Akhirnya, pemimpin dengan pengetahuan, karakter, dan kecakapan namun tanpa motivasi hanya peduli pada *status quo* dan mempertahankan posisinya.

Pemimpin harus mempelajari perangkat kunci yang diperlukan agar pekerjaannya berhasil. Setelah menghabiskan cukup waktu dalam doa, setiap pemimpin membutuhkan visi yang meyakinkan. Visi menjawab pertanyaan, "Apa yang perlu terjadi selanjutnya?" Pemimpin harus tahu maksud pekerjaannya. Maksud menjawab pertanyaan, "Mengapa ini penting?" Mengetahui jawaban pertanyaan ini telah membimbing banyak pemimpin melewati masa-masa sulit. Berikut, pemimpin harus tahu misinya. Allah menyatukan orang dalam komunitas untuk melaksanakan kehendak-Nya. Misi menjawab pertanyaan, "Siapa yang perlu dilibatkan?" Terakhir, pemimpin yang baik punya tujuan jelas dan ringkas untuk diikuti. Secara khusus, pemimpin akan menuangkan visi, maksud, dan misi dalam empat hingga lima tujuan. Tujuan menjawab pertanyaan, "Bagaimana kita akan mengerjakannya?"

Kita tahu betapa sulitnya memilih pemimpin baru dalam grup. Allah akan selalu mengejutkanmu dengan orang pilihan-Nya! Pendekatan yang paling produktif yakni memperlakukan setiap orang seakan mereka adalah pemimpin. Seseorang mungkin hanya memimpin dirinya sendiri, tetapi ia tetap memimpin. Orang menjadi pemimpin yang lebih baik sebanding dengan harapan (iman) kita. Bila kita perlakukan orang sebagai pengikut, mereka menjadi pengikut. Bila kita perlakukan sebagai pemimpin, mereka menjadi pemimpin. Yesus memilih orang dari segala lapisan untuk menunjukkan bahwa kepemimpinan yang baik bergantung pada ketaatan pada-Nya, bukan tanda luar yang acap dicari orang. Mengapa kita kekurangan pemimpin? Sebab pemimpin saat ini menolak memberi peluang memimpin kepada orang baru.

Beberapa faktor menghentikan gerakan Tuhan lebih cepat daripada kurangnya kepemimpinan saleh. Sayang, kita mengalami kevakuman kepemimpinan di sebagian besar tempat kami melatih orang (termasuk Amerika). Pemimpin saleh merupakan kunci menuju "shalom" - damai, berkat, dan kebajikan - dalam komunitas. Satu ungkapan terkenal dari Albert Einstein mungkin bisa ditafsirkan sebagai berikut: "Kita tidak bisa mengatasi masalah kita saat ini dengan tingkat kepemimpinan kita saat ini." Allah sedang menggunakan *Pelatihan Mengikuti Yesus* untuk melengkapi dan memotivasi banyak pemimpin baru. Kami berdoa agar hal yang sama akan terjadi padamu. Semoga Pemimpin Teragung sepanjang masa memenuhi hati dan pikiranmu dengan setiap berkat rohani, menjadikanmu kuat, dan menambah pengaruhmu – ujian kepemimpinan yang sesungguhnya.

Kajian Lebih Lanjut

Hemat kami, para penulis berikut ini akan sangat membantu dalam melatih pemimpin radikal. Buku pertama yang perlu diterjemahkan demi karya misi adalah Alkitab. Setelah itu, kami sarankan penerjemahan tujuh buku ini sebagai fondasi kokoh untuk pengembangan kepemimpinan yang efektif:

Blanchard, Ken and Hodges, Phil. *Lead like Jesus: Lessons from the Greatest Role Model of all Time.* Thomas Nelson, 2006.

Clinton, J. Robert. *The Making of a Leader.* NavPress Publishing Group, 1988.

Coleman, Robert E. *The Masterplan of Evangelism.* Fleming H. Revell, 1970.

Hettinga, Jan D. *Follow Me: Experiencing the Loving Leadership of Jesus.* Navpress, 1996.

Maxwell, John C. *Developing the Leader Within You.* Thomas Nelson Publishers, 1993.

Ogne, Steven L. and Nebel, Thomas P. *Empowering Leaders through Coaching.* Churchsmart Resources, 1995.

Sanders, J. Oswald. *Spiritual Leadership: Principles of Excellence for Every Believer.* Moody Publishers, 2007.

www.ingramcontent.com/pod-product-compliance
Lightning Source LLC
Chambersburg PA
CBHW060656030426
42337CB00017B/2646